諷詩調·18

동굴일지 · II

박진환 제36시집

지성 · 감성의 메타언어
조선문학시인선 · 318

諷 詩 調 · 18

동굴일지 · II

조선문학사

컨시트의 시학

시에 있어서의 기발한 착상으로 컨시트를 풀이하는 것은 상식이자 컨시트에 대한 ABC에 속한다. 이는 컨시트가 단순한 奇想이나 진귀한 着想으로 풀이되기를 거부한다는 뜻과 통한다.

상상의 한 형식에서 시법으로 자리한지는 이미 오래다. 상반・상충의 이질적 두 요소를 의외의 연상으로 결합시켜 遠引的 비유를 성립시킨 방식으로 레토릭화한 것이 이미 오래이기 때문이다.

17세기 영국의 형이상파 시인들에 의해 즐겨 사용됐던 컨시트는 기발・심원・창조성을 동시에 충족시켜주는 레토릭으로 발전, 20세기에 들어서는 엘리엇을 중심으로 한 여러 시인들에 의해 즐겨 동원되고 있는 시법의 하나이기도 하다.

이는 컨시트가 기발한 착상으로서의 奇想만이 아니라 이질적이고도 동떨어진 의외의 것들을 합성시켜 시의 새로운 질서에 기여한다는 것을 말해주는 것이 되는데 앞서 제시한

형이상시의 대표적 특성의 하나인 양극화를 결합시켜 주는 시적 능력도 다름 아닌 컨시트가 담당했던 몫이었다는데 주목할 필요가 있다.

서로 이질적인 두 요소를 합성시키는 기발한 착상의 동원으로서의 컨시트, 서로 대립되는 상반・상충의 것을 결합시켜 화해로운 관계를 이끌어 내는 시적 기능이나 효용으로서의 컨시트, 서로 동떨어진 양극성의 것을 결합시켜 새로운 시적 질서에 기여하는 원인적 비유를 성립시켜주는 역할로서의 컨시트 등은 컨시트가 레토릭의 역할에 충실함을 말해준 것이라 할 수 있다.

그런가하면 순간에서 순간으로 전환 내지 이동시키는 신선한 순발력으로서의 발상, 위트와 상상의 상보적 호소력만이 이끌어 낼 수 있는 결구력, 그 결구력이 맞물려 유지하는 새로운 관념이나 이미지의 재구성이 유지하는 시적 긴장과 탄력의 파장 등도 다 컨시트가 이끌어내는 시적 기능이자 효용이라고 할 수 있다.

시가 발산하는 광체도 예외는 아니다. 치환과 병치의 적절한 구사가 이끌어내는 메타포의 섬광 또한 서로 이질적 요소들의 충돌과 충돌이 일으키는 스파크에서 방사하는 빛이었다고 할 수 있고 이를 달리 지적하면 상반의 균형이 이끌어내는 시적 광체로 보아줄 수 있기 때문이다.

이러한 시적 기능이나 효용으로서의 컨시트가 거둔 시법을 레토릭으로 차용한 것이 풍시조다. 시를 제시 구체화했을 때 풍시조가 어떠한 경로로 컨시트를 차용하고 있는가와 함께 풍시조가 즐겨 차용하고 있는 전환과 이동의 순발력으로서의 위트와 양극화를 합일시켜 새로운 관념이나 이미지를 발견, 재구성해내는 奇想으로서의 컨시트의 역할 등을 만나볼 수 있을 것으로 보고 시를 제시해 본다.

동굴일지 · 315

금생여수, 금은 아름다운 물에서 난다했거늘
어찌하여 마음을 검게 물들이는 것일까
아마도 맑지 못한 웃물에 세탁됐기 때문이나 아닐지

동굴일지 · 401

그중 낮은 곳에서 산의 높이를, 그중 높은 곳에서 강의 길이를 잰다
下로써 上을 上으로써 下를 배우니 上下가 다르지 않음인 것을
사람들은 높고 낮음, 길고 짧음으로만 생을 척도하더라

동굴일지 · 406

피는 육신의 언어
양심엔 피가 없다, 피가 없으니 언어가 없는 벙어리다
이 시대의 벙어리, 우리는 실어증의 환자들이다

시의 성패는 발상이 70~80%를 좌우한다고 보는 것이 필

자의 견해다. 신선한 발상에 의한 새로움에의 발견이거나 탄생없이 창조의 몫을 시는 담당할 수가 없다. 누구나 항용으로 떠올릴 수 있는 생각, 항용의 시각으로도 포착하거나 투시할 수 있는 그런 시력, 보편적이고 항용의 정서 따위로는 결코 창조에 값하는 새로운 시의 탄생을 기할 수 없기 때문이고 새로운 시의 탄생이 컨시트의 몫으로서 항용의 보편적이고 평범한 관념이나 정서나 시각으로는 결코 새로움으로 태어나는 탄생을 이끌어낼 수가 없기 때문이다. 컨시트는 이러한 항용의 것들을 특수한 것으로 이끌어내는 지적, 정신적 감각적 능력이자 시적 기능이다.

예시 「동굴일지 · 315」에서의 '금생여수'는 아름다운 물에서 금이 난다는 뜻이다. 이 옛분들의 생각을 황금만능이나 배금주의에 잘 길들어진 물신시대의 검게 오염된 현대인들의 정신적 어둠에 대응 내지 대치시켜 상충의 양극화를 이끌어내는 것은 컨시트의 몫이었다고 할 수 있다. 그런가하면 종행 '아마도 맑지 못한 웃물에 세탁됐기 때문이나 아닐지'라고 설의함으로써 검게 오염된 물신의 정신풍토를 질타하고자 한 것도 컨시의 몫이었다고 본다.

예시 「동굴일지 · 401」에서 보여준 상반되는 上과 下를 상충시켜 대립시켰다가 '下로써 上을, 上으로써 下를 배우니, 上下가 다르지 않음인 것을'이라고 화해로운 관계로 합일시키는 것 또한 컨시트의 역할이자 작용으로 보아줄 수 있다. 그런가하면 '그중 낮은 곳에서 산의 높이를, 그중 높은 곳에서 강의 길이를 잰다'는 자연 현상에서 착상된 발상의 기발성이나 이를 자연 아닌 인생의 의미로 이동시켜 '사람들은 높고 낮음 길고 짧음으로만 생을 척도하더라'고 전환시킨 순발력으로서의 위트도 컨시트에 값하는 것으로 보아줄 수 있다.

끝으로 예시 「동굴일지 · 406」에서의 '피는 육신의 언어'라고 전제하면서 '양심엔 피가 없다'고 상충시켜 양극화하는 것도 컨시트의 역할이고 '피가 없으니 언어가 없는 벙어리'가 양심이라고 비꼬면서 양심을 상실하고 살아가는 현대인을 '이 시대의 벙어리', '실어증의 환자'로 양심으로 살아가지 못하는 현대인들에게 들이대는 복수의 칼날 동원도 컨시트의 역할로 보아줄 수 있다.

이상의 예시들이 착상의 기발성으로서의 컨시트를 보여준 것이었다면 또 다른 시의 창조적 역할을 보여주는 간과할 수 없는 컨시트의 기능으로 위트를 제시할 수 있을 것으로 본다.

2012년 初夏

박 진 환

박진환 제36시집 / 諷詩調 · 18

동굴일지 · II

차례

동굴일지 · 101

한국 교육 과연 무엇이 문제일까
학교 · 교실 · 책상 · 걸상 · 책에 선생님까지 없는 것이 없데
헌데 꼭 있어야 할 것 중 없는 것 딱 한 가지 있데, 매

동굴일지 · 102

詐計 · 詐欺 · 詐力 · 詐謀 · 詐販 · 私利 · 私慾 · 邪党 · 邪道 · 邪法
邪邪 · 邪術 · 邪思 · 邪議 · 邪諂 등 세상이 온통 詐 · 私 · 邪자 판이니
성현의 말씀 思無邪, 사자 좇아 版에 찍힌다고 사자 면하겠나

동굴일지 · 103

인적 끊긴 정오의 정적을 탑신으로 말아 올린 대각사 염불 소리
난쟁이 키로 작아진 과객 하나가 올려다 본 첨탑엔
구름 한 송이 연화로 피었으나 사바의 눈엔 어둠이 묻어 있었다

동굴일지 · 104

돈 받았다, 안 줬다, 검은 돈 거래는 의례 안 받았다가 정답인데
받았다가 되돌려줬다면 뭐야? 그래
남의 돈도 빼앗아 착취하는 세상에 돌려줬으니 부앙무괴라, 부럽다

* 부앙무괴(俯仰無愧) : 하늘을 우러러 보나 땅을 굽어보나 양심에 부끄러움 이 없음.

동굴일지 · 105

진리가 목표인 개혁은 적극적, 안녕이 목표인 보수는 소극적
적극의 바퀴 진보와 소극의 바퀴 고정이 절룩이며 찍고 가는
학철지어, 우리 처지가 이러하지 않는지

* 학철지어(涸轍之魚) : 말라가는 수레바퀴 자국에 고인 물에 고기라 함이니
매우 위급한 처지에 놓여 있다는 뜻.

동굴일지 · 106

매를 아끼면 자식을 버린다는 영국의 속담과는 달리
한국 부모들 매 버린지 이미 오래, 이 이치대로라면
자식 버린지 이미 오랜 셈, 학교마다 폭력 소굴 그래서였구나

동굴일지 · 107

학교마다 깡패소굴, 소굴이면 좋게 개만도 못한 놈들 개굴이지
개굴이면 그나마 다행, 썩고 또 썩어 문드러진 개굴창이야
어쩌다 동방예의지국 인성이 이 지경 이 꼴이 됐는지

동굴일지 · 108

한국 학교 교육 어쩌다 이 지경이 됐는지 개탄만 하지 말고
선생님들 양 손에 분필과 매를 함께 들려줘봐
분필로는 정신을, 매로는 행동을 다스려 개탄 면하지

동굴일지 · 109

만연으로는 부족했는지 창궐에 또 창궐 겹치기 검은 돈 거래
시장기로는 부족했는지 아도물에 걸신들린 허천 허천 허천기
세종대왕님, 지켜보시지만 말고 말씀 좀 해주세요 허천 면하는 법

동굴일지 · 110

학교 폭력 사건은 연일 터지는데 뾰족한 수는 영 안 터져
더디고 팍팍해도 신식 영 · 수 · 국과 구식 도덕 · 윤리교육 병행 시급
인성이란 게 지식관 달라서 신식 영 · 수 · 국으로는 안 먹히거든

동굴일지 · 111

교육의 비결은 학생을 존중하는데 있다고 ?
글쎄요, 존중할 가치가 있으면 하지 말래도 하는 법인데
존중자체에 까막눈이니 캄캄할밖에, 어느 나라 교육이 그렇더라

동굴일지 · 112

집을 나서 홍제천을 끼고 잰 걸음으로 소림사까지 1시간여
슬슬 걷는 漫步가 아니라 萬步를 위한 필사적 행보다
호추불두라던데 물신의 좀이란 놈은 운동해도 마음 갉아대서

* 호추불두(戶樞不蠹) : 여닫는 문지방은 좀이 먹지 않는다는 뜻으로 운동하면 건강하다는 말.

동굴일지 · 113

정치판이란 게 돈 놓고 돈 먹긴가?

돈 주고 돈 받긴가?

여의도 1번가가 투전놀이 무허가 화투판 같아서

동굴일지 · 114

투전판 돈 놓고 돈 먹기나 정치판 돈 놓고 돈 먹기는
이웃보다 가까운 한 혈통 동 항렬 형제지간 뻘
다만 다른 건 아우는 몰래, 형은 내놓고 투전놀이 즐긴다는 것

동굴일지 · 115

여야, 여성정치지도자가 관장, 이러다 대통령도 여성 차지 안 될지
좋지요, 정치 대통령 말고 백성의 어머니 대통령 된다면
헌데 어머니도 정치 맛에 중독되면 권력의 여신이 되거든

동굴일지 · 116

한나랑당 이 지경인줄 미처 몰랐다는 박근혜 비대위원장
글쎄요, 정치에 까막눈인 민초들 눈에도 훤히 보이는 걸 못 보셨다니
등하불명이란 옛분들 말씀, 틀린 말이 아니어서

* 등하불명(燈下不明) : 등잔 밑이 어둡다는 말로 가까운 곳의 허점을 더욱 모른다는 뜻.

동굴일지 · 117

정치권 뿌린 돈 두고 윗선 운운 해쌋던데
예로부터 내려온 고장난명이란 말 괜한 소리 아니네
손바닥 하나로는 소릴 내지 못하거든

* 고장난명(孤掌難鳴) : 손바닥 하나로는 소리를 내지 못한다는 말이니 혼자 서는 일을 할 수 없다는 뜻.

동굴일지 · 118

순도 120% 순백 꽃잎 앞에 하고도 검은 마음 못 지우고
순도 120%의 진적 뜨거운 꽃잎 앞에 하고도 얼음장 마음 못 녹이나니
극과 극 둘이 아니라는 佛家의 不二, 남북은 不可不一이라 하데

동굴일지 · 119

작은 문으로 들어간 도둑놈, 다음에는 교도소 큰 문으로 들어간다
들어가 반성 · 회개는커녕 다음엔 안 잡히고 들어갈 문을 꿈꾼다
닫힌문은 꿈의 부화장, 부화장밖이라고 다르랴 온통 도둑 소굴인걸

동굴일지 · 120

화분 하나를 사왔다, 이름은 몰라도 꽃은 아름다웠다
마치 음악이 노랫말 몰라도 선율이 아름다움을 안겨주듯이
시는 어떨까? 글쎄, 읽어야 아름다움이건 뭐건 될 텐데 안 읽으니

동굴일지 · 121

소가 웃긴 웃을 일이야, 만사무석 못 면할 놈이 되레 쾅쾅 큰소리
민간인 불법사찰 몸통 자처하며 구실재아 아무리 외쳐대도
하는 짓 그 모양이면 하나님 말씀으로도 용서 못 받아

* 만사무석(萬死無惜) : 죄가 너무 무거워 용서할 여지가 없음.

* 구실재아(咎實在我) : 남의 잘못이 아니고 자신의 허물이라고 자인하는 말.

동굴일지 · 122

목이 갈갈하고 바튼 기침 잦으면 요상한 진단들 해쌋지
폐가 나쁜 건가? 감기기나 아닌가? 기관지 이상인가? 갸우뚱할 것 없어
목에 잡것 들어왔으니 쫓아내란 몸 진단인 게야; 이 돌팔이들아

동굴일지 · 123

잦은 재채기를 무슨 몹쓸 병쯤으로 여기던데, 그게 아니거든
분진 · 곰팡이 · 진드기 등 온갖 잡것들 터진 구멍 찾아
몰래 코로 침입하면 에취 일갈하며 쫓아내는, 건강 신호인게야

동굴일지 · 124

친구의 친구이자 내 잔병 자문이신 조광약국 이광복 사장
만날 땐 "자주 보면 안 되는데" 헤어질 땐 "또 보지 맙시다"
무슨 인사법이 그러냐고? 그게 진단이자 처방전이거든

동굴일지 · 125

왕자무친이라, 나랏님은 밀대로 무친인 것 같은데
주변에 유친들 있어 무친에 먹칠이나 안할지?
그게 레임덕 목록엔 당골 품목이어서

* 왕자무친(王者無親) : 비롯 왕일지라도 법에 어긋난 일은 私情으로 처리할 수 없다는 말이니 사리사욕 같은 사사로움을 멀리 한다는 뜻.

동굴일지 · 126

악법도 법이란 유명한 말 우리에게도 있어, 불법도 법
4대강 사업 불법이나 공사는 계속 해야 한다
이런 법 육법전서 몇 페이지에 있는지 궁금해서

동굴일지 · 127

법이 만들어지면 반드시 음모가 뒤따른다 했던데
모르시는 순 구식 말씀이거든
신식으론 법 만들어지기도 전에 음모가 한발짝 앞서가거든

동굴일지 · 128

여의도에 먹물 뿌린 자 어디 한 둘이었냐만 이번은 다른 갑다
여의도에서 한강, 한강에서 역사의 장강으로 강을 이룰것 같거든
그도 그럴 것이 입법부 수장의 먹물이라 뼁끼보다 더 색이 검어서

동굴일지 · 129

해먹었다하면 방귀께나 뀌는 양반들
상것들은 꾸고 싶어도 먹을 것이 없어 못 뀌는 방귀를
펑펑 터뜨린 양반들 구린내에 코청 터진 상것들만 원통해서

동굴일지 · 130

인간은 욕망을 가졌을 때가 아름답다
욕망을 실현했을 때는 더 아름답다
그러나 욕망을 버렸을 때가 그 중 아름답다

동굴일지 · 131

인생이란? 모르니까 신이 아니지
신이란? 아니까 인생이 아니지
아는 것도 답, 모르는 것도 답, 물음만도 못한 것이 정답이구나

동굴일지 · 132

왕사꾸라는 있어도 왕오죽 대밭 여의도에 있단 말 못 들었는데
시커먼 죽순 내밀듯 검은 손들만 웃자란 대밭 있다데
청정 한강수 괜스리 끼고 흐르는 게 아녀, 때 묻은 손 씻으란 뜻인 겨

동굴일지 · 133

검은 손들 관례라며 당초 죄의식은커녕 부끄러움을 모른다
관례 좇아선 안된다는 古道에는 아예 까막눈
도의에 까막눈이니 마음과 함께 손도 검을 수밖에

동굴일지 · 134

웃물이 맑아야 아랫물이 맑다는 상탁하부정
말씀은 淸言인데 방언만도 못한 순구식 말씀
애시당초 맑은 웃물이 없으니 아랫물이 흐려야 딱 맞제

* 상탁하부정(上濁下不淨) : 윗분이 잘못하면 아랫사람도 따라서 잘못하게 된다는 뜻.

동굴일지 · 135

가난, 죄는 아니지만 자랑 또한 아니지
가진 것 없을수록 욕망의 부자가 아니던가
죄건, 자랑 아니건, 부자건, 빈이무원이면 족한 것을

* 빈이무원(貧而無怨) : 가난하면서도 원망함이 없음.

동굴일지 · 136

우수를 앞에 하고도 좀처럼 퇴각할 기미를 보이지 않는 三冬의 점령군

그렇다고 힘의 지배자나 적화야욕, 패권주의자는 더욱 아닌

피보다 때 묻지 않은 순백을 사랑하는 동장군

동굴일지 · 137

불리하면 기억이 안 난다, 오래되어 잘 모르겠다로 일관하던데
기억은 모든 사물의 보배이며 수호자라는 명언이 무색
명인이면 뭘해 기억 못하면 허사이지, 명기누골도 허사 못 면해

* 명기 누골(銘肌鏤骨) : 살과 뼈에 새긴다는 뜻으로 잊지 않고 마음에 깊이 간직함.

동굴일지 · 138

포식도 독식도, 그렇다고 못 먹을 것을 깨물지도 않았는데
식욕 좋은 놈들 쇠나 황금 깨물고도 까딱없는데 아치를 뽑았다
가늘게 먹고 가늘게 싼 것도 죄였던가, 죄값으로 뽑힌 어금니

동굴일지 · 139

해마다 줄어들기만 하고 늘어날 줄 모르는 재산
헌데 해마다 늘어가는 재산도 있다
나이들수록 명절 때만 되면 배로 불어나는 불효라는 재산

동굴일지 · 140

양심에 털이 난 것인가, 아예 양심이란 게 없는 것인가
아니면 양심 대신 더러운 물신이 들어앉은 것인가
돈 처먹은 시커먼 배 째 봤으면 싶은데 檢이 劍이 아니어서

동굴일지 · 141

한나라당 당명 바꾼다던데 이름 바꾸면 개명 아니던가
글쎄, 鷄鳴이면 장닭이 울어 새벽 열리고 開明이면
문명개화 르네상스인데 그게 鷄鳴도 開明도 아닌 改名이어서

동굴일지 · 142

당명 개명이면 새 당명 걸고 새 세상 열고자 함인데
글쎄, 새 세상 열리려면 수탉 우는 鷄鳴 있어야 하고
새 문명 시대 열려 開明이여야 하는데 改名으로 그게 될까

동굴일지 · 143

정신 똑바로 세우고 한 발 한 발 정확히 내딛는 만보 걷기
거들먹거리며 한가로이 걷는 향방 없는 漫步와는 달라
온갖 잡사 발길로 걷어차며 걷는 활보, 릴리리 萬步

동굴일지 · 144

당명만 바꾸면 뭘 하나, 간판 아닌 정신을 바꿔야지

시궁창 복개 한다고 썩은 물이 맑아지나

문제는 인물인데, 죄다 정치 마약에 중독된 환자들이어서

동굴일지 · 145

청련사 입구에 들어서자 '가까이 오지 마' 풍경이 경고했다

어찌 알았을꼬 내게서 속진의 악취가 나는 것을

부처님, 자비를, 사람에게서 짐승냄새 안 났으면 쓸만한 놈 아닌가요

동굴일지 · 146

환희사 백상개가 짖어댔다, 저놈도 불성이 있구나, 나를 반기네
그때 벽력같은 소리, 이놈아 도둑보고 짖지 반갑다고 짖냐
망할 놈, 제 놈이 흰 놈이라고 흰 놈 눈엔 검은 놈만 보이냐

동굴일지 · 147

바라다보고 싶었던 것도 볼 것이 있었던 것도 아닌데 마주한 觀山
산자락 기어오르는 아지랑이, 그런 것이 가슴에 일었던 것일까
산을 품고 살았던 것일까, 유벽운림 같은 가슴에 산기운이라니

* 유벽운림(幽僻雲林) : 한적하고 궁벽한 산골.

동굴일지 · 148

살구의 볼이 왜 발그레 한 줄 아냐? 익으니까 그렇지

아냐, 꽃그늘에 앉아 나눈 밀어 엿들은 때문이야

그때 엿들었던 부끄러운 그 말 여직 지우지 못했거든, 히히

동굴일지 · 149

고해의 높은 파고에 FFF, 일으키는 멀미에 어질어질 GGG

그것으론 부족했는지 알레르기 재채기 HHH

국산 놔두고 감기도 국제적, 노린내나는 FGH라니

동굴일지 · 150

어머니가 물려주신 사랑이란 그 많은 유산
경영 미숙으로 다 탕진해버렸다
탕진할수록 불어나는 재산 불효

동굴일지 · 151

밤 내 콧물 재채기에 잠 설치며 감기 앓이 하고 서도
아침 밥상 받으면 물리는 법 없는 왕성한 식욕 보고 내자 왈
타고난 건강이라고? 천만에 동굴살이 하면 남는 게 식욕뿐이거든

동굴일지 · 152

기름 때 묻은 일상을 뒤로 하고 꽃가지 앞에 하니
한 그루 꽃나무이듯 피가 도는 꽃 가슴, 살아 있었구나
기름때에 절어서 무쇠 가슴 피가 돌지 않은 줄 알았더니

동굴일지 · 153

봄 · 가을은 온다고 하고 여름 겨울은 왜 간다고 하지
기다렸으니 온다하고 지긋지긋했으니 간다고 하겠지
헌데 온다던 봄 · 가을 오다말고 간다던 여름 · 겨울 가다 말고

동굴일지 · 154

기다림을 나무로 심어 놓으면 가지 없이 모가지만 자랄거야
먼 곳을 향한 쌍애의 눈만 달린 두 얼굴을 가진
기다림이란 그리움과 쌍생아, 사랑의 기형아거든

동굴일지 · 155

그리움이 가슴을 아프게 하는 것은 갈기를 일으켜 세운 때문
세운 갈기로 천리를 마다않고 달려가고 싶어 하는 한 마리 준마
준마의 말발굽에 밟힌 아픔이 그리움인 게야

동굴일지 · 156

사람 마음처럼 간사한 게 또 있었던가
간에 붙었다, 쓸개에 붙었다, 사타구니에 붙었다
허긴 붙어먹고 살아야 사람답지, 아니면 신이게

동굴일지 · 157

새 정치의 장 열려면 어둠의 구태 걷어내야 하고
어둠의 구태 걷어내려면 수탉 울어 새벽이 열려야 하는데
글쎄, 울어줄 수탉이 있던가

동굴일지 · 158

꽃가지 하나 부여잡고 잡다한 일상사 아지랑이로 감아 올려 본다
감아올린 아지랑이가 때 묻은 허울을 벗겨 다시 감아올린다
꽃과 하나가 되는 순간의 순수, 그런 순수가 여직 내게 남아있었다니

동굴일지 · 159

백목련 희다하고, 개나리를 노랗다 하면 만점이다
백목련을 순수로 보고, 개나리를 노란 종소리로 봐도 만점이다
만점의 반대 영점, 영점을 백점으로 둔갑시키는 것이 내 시법이다

동굴일지 · 160

똑똑하기엔 부족하고 부족하기엔 똑똑한 어중간한 위인
위인의 눈에 비친 잘난 여의도 사람들은 어떤 모습일까
금붙이로 얼굴을 대신 하는 유상무상

* 유상무상(有象無象) : 어중이떠중이를 이르는 말.

동굴일지 · 161

약도 병이 되는 경우가 있고 병도 약이 되는 경우가 있지
건강의 소중함 모르면 병, 소중함 알면 약이 되는 이치나
약능살인이요, 병불능 살인이란 옛분들 말씀 또한 그러하거니

* 약능살인 - 병불능살인(藥能殺人 病不能殺人) : 약은 능히 사람을 죽여도 병은 사람을 죽이지 못한다 함이니 약 잘못 써서 사람을 죽게 하는 경우가 많다는 말.

동굴일지 · 162

건강의 소중함 알면 그것이 곧 약이요, 모르면 그것이 곧 병이다
육체뿐이랴, 정신 또한 그러하니 소중함 알면 약 모르면 병
소중함이란 레테르 없는 건강의 세계적 명약이다

동굴일지 · 163

화장품 고가일수록 더 잘 팔린다는 여성 성향
번들번들 얼굴만 예뻐지면 뭘하나?
정작 보아주는 남정네 눈엔 뜯어 고친 칼자국만 보이는데

동굴일지 · 164

미녀 김 아무게는 얼마나 비싼 화장품을 쓰기에 그리 예쁠까
쌩얼도 비싼 화장품 쓰면 예뻐지는 걸까
글쎄, 쳐다보는 남정네 눈엔 얼굴 보다 다른 것에 관심이 있어서

동굴일지 · 165

알카에다, 텔레반, 소말리아 해적들의 잦은 만행 탓할 것 없어
아프칸 미군 봐, 남녀에 어린애까지 무차별 쏴 죽이잖아
악마의 피를 주신 하나님, 당신의 허물은 누가 심판하나요

동굴일지 · 166

가치란 진실과 함께 진실에 값하는 등가물도 가치다
진실이 아니면서 진실로써는 드러낼 수 없는 것을 드러내는
시가 가치의 기록이 되는 것은 이 때문이다

동굴일지 · 167

정서 · 관념으로 척도 계량되는 시의 가치에는 싸구려가 너무 많다
정서 · 관념이 아닌 사물 뒤에 가려진 비의의 발견으로 책정되는
눈금 없이도 읽을 수 있는 깊이와 중량, 그것이 시의 최고치다

동굴일지 · 168

시의 정의가 그러하듯 시의 가치도 유동성의 것이다
진선미는 고전, 신식으론 새로운 발견으로서의 가치의 기록이다
가치란 허위로써 진실에 값하는, 진실에선 체험할 수 없는 감동이다

동굴일지 · 169

눈에 보이는 것만 다루는 시인은 C급이다
보이는 것과 보았던 것을 결합시키는 시인은 B급, A급은
사물 뒤에 숨겨진 비의를 발견, 형상으로 재구성 해내는 시인이다

동굴일지 · 170

피는 악 · 죄 · 저주 · 분노 · 고통의 씨앗

피를 주시지 않았던 들 구원이 굳이 필요 했겠는가

영원한 형벌, 그것이 피의 몫인 것을

동굴일지 · 171

피는 육체의 언어, 혈서는 최고의 언어다
사랑은 정신의 언어 피로는 쓸 수 없는
육체와 정신의 언어는 행위로 말하는 Sex이고

동굴일지 · 172

금배지 달려고 90도 꺾었다가 달고 나면 수직으로 굳어버린 허리
금의 순도가 가짜인가봐, 순금이었으면 무거워 저절로 숙이지
헌데 금만이 아니라 마음도 멕기 했는지 무게라곤 없어서

동굴일지 · 173

금배지는 남의 일, 그 흔한 금가락지 하나 끼지 못했으니
금과는 인연이 없음이다
인연이 없으면 우연이라도 있어야 하는데 없는 게 필연이어서

동굴일지 · 174

여성상위시대란 말 남의 나라 일인 줄 알았더니
웬걸, 한국 정당 봐, 죄다 여걸들 차지지
거안재미는 옛말, 지금은 그랬다간 밥상은 고사하고 딱 쫓겨나

* 거안재미(擧案齎眉) : 밥상을 눈썹과 가지런하도록 공손히 들어 남편 앞에 가지고 간다는 뜻이니 남편을 깎듯이 공경한다는 말.

동굴일지 · 175

하늘엔 누가 사나? 천사가 살지
땅엔 누가 사나? 하늘에서 쫓겨난 사람들이 죄인으로 살지
하늘을 탓하고, 원망하고, 저주 분노함은 감사정배 분풀인게야

* 감사정배(減死定配) : 죽일만한 죄인을 죽이지 아니하고 귀향살이 보냄.

동굴일지 · 176

사물로써 사물을 본다는 말, 無爲의 人爲的 발견이라는 뜻
발견의 새 모습, 형상, 비의, 초월, 변용 등은 의도적 제작성의 것들
헌데 정작 시인들은 기도된 것이 아닌, 천성 유희 즐기고들 있어서

동굴일지 · 177

본 것을 본 대로, 느낀 것을 느낀대로, 생각한 것을 생각한대로
대로 대로 대로는 큰 길이 아닌 죽음으로 가는 길
시인에게 대로란 창조의 새길 열어 삶으로 나아가는 詩道 열기인 것을

동굴일지 · 178

사물로써 시를 쓴다는 건 고전, 현대시는 사물 지우기
가려져 드러나지 않은 사물 뒤에 숨겨진 비의의 발견
비의와 이미지를 합성, 사물을 무화하는 사물 제로화 하기

동굴일지 · 179

三冬뿐인 동토 여의도엔 계절이 없다
엄동에도 왕사꾸라 피고 연옥 같은 열기에도 철새 떼 찾아든다
거기다 미 월가 흉내라도 하는지 풍기는 동취 멎을 날이 없으니

동굴일지 · 180

손발은 움직이라고 있고, 뿌리는 움직이지 말고 서 있으라고 있다
　안 움직이면 죽고, 움직이면 죽는 동식물의 죽음이 그러하다
허면 동도 · 뿌리도 없이 사는 양심이란 놈은 산 것인가 죽은 것인가

동굴일지 · 181

구걸로 먹고 사는 거지는 얻어먹는 밥이 최고의 식량이다
불 먹은 가슴으로 사는 자는 핵 · 미사일 불이 최고의 밥벌이다
빌어먹든, 불을 먹든 그게 최고라니 절로 터져나오는 감탄사 "맛있냐?"

동굴일지 · 182

남자의 사랑한단 고백에
여자 왈 "몇 번째냐?", "첫 번째"
"수컷이 덜 됐구만, 더 배워와"

동굴일지 · 183

시인은 어떤 일이 있어도 살아남는다, 그러나 오식이 그를 죽인다
오스카 와일드 선생, 당신 말씀대로 오식의 붉은 펜만 써왔습죠
적자인생 못 면해서냐구요, 천만에, 평생 살인범, 교정쟁이였거든요

동굴일지 · 184

시인은 말의 장사치, 최소한의 언어를 투자해서
최대의 감동을 마진으로 챙기는 언어 경영자다
해서 말이 헤픈 자는 3류 시인이거나 실패한 장사치다

동굴일지 · 185

상해 먹어선 안 될 것 먹으면 싸고 토해내지
위의 건강함이요, 육신의 정직함이다, 헌데 양심이란 놈 봐
썩은 걸 포식하고도 탈이 없으니 더럽기가 똥 저리 가라지

동굴일지 · 186

누군 쏴 올려도 되고, 누군 쏴 올려선 안 된다고 세상이 시끌벅적

되고 안 되고는 사바세계의 힘겨루기가 따지는 논리

정신세계 불가의 不二에서 보면 따로따로가 아닌 하나인 것을

동굴일지 · 187

제주 해군 기지 건설 놓고 도와 해군 팽팽한 긴장
긴장 부풀면 터지는 법, 허긴 부풀기 전 이미 펑펑 터지고 있지만
진짜 위력은 대선 후에나 폭탄, 불발탄 판가름 날 듯

동굴일지 · 188

죽음 뒤에 삶이 있다는 말은 헛소리다
허나 헛소리론 부정할 수 없는 삶이 분명 있다
역사가 헛소리가 아니란 걸 아는 이는 이런 삶과 만난다

동굴일지 · 189

역사는 과거 · 현재 · 미래를 내다볼 줄 아는 눈을 가지고 있다
맹인으로 살아가는 눈먼 인간의 어두운 시대에도
한 번도 감아 본 적이 없는 눈을 역사는 가지고 있다

동굴일지 · 190

진선미가 시의 궁극적 미학이라고?

진실로 아니거든, 선해도 안 보이거든, 미안해도 헛소리거든

진선미가 이러하다는데 시인이 달리할 말이 있겠는가

동굴일지 · 191

기존 · 기성의 것으론 드러낼 수 없는 절망이 가로 막을 때
그것들을 제로화하라; 지워버리고 나면 새로운 탄생과 만나리라
새로이 탄생하는 이미지 그것의 재구성이 시다

동굴일지 · 192

팔손이 세 그룰 한 화분에 심었더니 두 그루 다투어 키재기로 크고
한 그루 그늘에 찌그러져 기를 못 펴던데 사람 팔자도 다를 게 없어
음지 · 양지에 따라 생 달리 하거든, 팔손이에게 한 수 배운다

동굴일지 · 193

갓 피기 시작한 진달래 화분 하날 사들고 오는데
행인들 나만 쳐다보는 것 같아 우쭐해진 봄날 개꿈같은 화려한 착각
명품 가방 든 제멋에 취한 여인네의 속내가 이러하지나 않을지

동굴일지 · 194

청와대와 총리실 짜고 민간인 사찰, 그것도 조직적
친인척 비리론 성이 안 찼나, 어찌 청와대가 비리 저지르다니
미사일 사정거리 안 늘려도 돼, 비리 폭발하면 3천리에 터질텐데

동굴일지 · 195

히야신스 구근 하날 사다 심었더니 핀 꽃 그느한 향이 일품이다
개코만도 못한 알러지 비염 못 면한 후각이 살아 있어 이를 맡다니
人爲의 잔인한 살해에도 無爲가 살아 있었구나

동굴일지 · 196

안빈낙도란 옛말, 지금은 발음도 정발음 안빈악도거든
가난하고 궁핍해봐, 절개고 쓸개고 분수고 다 저리가라 고야
그나마 다행한 건 스톱 아닌 고야의 고가 惡道 아닌 樂道여서

동굴일지 · 197

세계의 만류 회유 저지 협박에도 끝내 북녘 미사일 발사
발사는 좋다마는 발사 거꾸로 하면 뭐게?
사발, 사발도 골통 깨진 묵사발

동굴일지 · 198

깃털이 있으면 몸통도 있고 몸통이 있으면 머리통도 있기 마련
하여 몸통 까진 드러냈는데 머리통은 꼭꼭 숨어라여서
숨으면 뭘 하나, 머리통이 워낙 커서 훤히 보이는 걸

동굴일지 · 199

민간인 불법사찰, 전 정권도 했으니 현 정권도 문제없다
딴은 그렇다, 피장파장, 헌데 그건 정권에서의 판단이고
국민들은 안 그렇지, 심판관 재판관 배심원이 국민 몫이거든

동굴일지 · 200

진달래와 히야신스가 동시에 만개해 진달래는 빛깔
히야신스는 향으로 존재를 알리던데
어찌 꽃뿐이랴, 인간도 꽃과 같은 이치로 삶의 등식 삼거든

•

박진환 시인은 전남 해남 출신으로 동국대 국문학과를 거쳐 중앙대 대학원을 졸업(문학박사)했다. 1960년 동아일보 신춘문예(詩) · 1963년 自由文學(문학평론)으로 문단에 데뷔했고, 국제PEN한국본부 사무국장 및 이사, 한국문협 고문을 역임했다. 제9회 시문학상, 제3회 비평문학상, 펜문학상, 윤동주문학상 등을 수상했고, 한서대학교 교수 및 예술대학원장을 역임했으며 현재 월간 『조선문학』 발행인 겸 주간으로 있다. 중요 저서로는 시집에 『귀로』, 『사랑법』, 『꽃시집』, 『三行詩抄』 I ~XI 『諷詩調』, 『박진환시전집 I · II · III · IV · V』, 『物神時代』 I · II · III · IV · V, 『동굴일지』 I · II 등 36권의 시집이 있고 평론집으로 『한국현대시인론』, 『현대시론』, 『21C시학과 시법』 등 다수와 『한국시의 공간구조연구』, 『21C 시학』, 『시창작론』, 『諷詩調詩學』 외 다수의 역저가 있다.

•

조선문학시인선 318

諷 詩 調 · 18

동굴일지 · II

2012년 6월 20일 인쇄
2012년 6월 30일 발행

지은이 / 박진환
발행인 / 박진환
펴낸곳 / 조선문학사
등록번호 / 1-2733
주소 / 110-092 서울 서대문구 홍제2동 96-4
대표전화 / 730-2255
팩스 / 723-9373

ISBN 89-93614-91-6

정가 8,000원

* 인지는 저자와 합의 하에 생략
* 잘못된 책은 서점에서 교환해 드립니다.